Zu diesem Buch ist ein Hörbuch im Hörverlag erschienen,
das im Buchhandel erhältlich ist.

Fischer Schatzinsel
www.fischerschatzinsel.de

Umschlaggestaltung: Buchholz/Hinsch/Hensinger
unter Verwendung einer Illustration von Sybille Hein
Layout und Gestaltung: Anette Beckmann, Berlin
Litho: Longo AG, Bozen
Druck und Bindung: CPI – Clausen & Bosse, Leck
Printed in Germany
ISBN 978-3-596-85260-4

DER KARNEVAL DER TIERE

In Versen neu erzählt von Michael Quast
nach der Musik von Camille Saint-Saëns

Mit farbigen Bildern von Sybille Hein

Fischer Schatzinsel

WILLKOMMEN

Andante maestoso

Seid willkommen, liebe Gäste,
Mädchen, Jungs, mit Mutter, Vater,
Oma, Opa und so weiter,
seid willkommen im Theater!

Ja, ich freu mich, dass ihr da seid!
Und ich hoff, dass euch gefällt,
was wir machen. Was gespielt wird,
musiziert wird und erzählt.
Aufgepasst!, denn eins ist klar:
Heute werden Träume wahr!
Wie das geht? Klarer Fall:
Alles geht im Karneval!

Bist du dünn, ein schlechter Esser?
Ach, ein Mops, der hat es besser!
Bist du schwabbelig und fett?
Sieh, ein Storch ist auch ganz nett!
Wer nur kriecht in Schlamm und Dreck,
flöge gern als Adler weg,
und so manches arme Schwein
will ein wilder Tiger sein.

Ja, das wünscht sich Groß und Klein:
einmal sich zu unterscheiden
und sich witzig zu verkleiden,
Blödsinn machen, Fratzen schneiden,
sodass alle dich beneiden,
einmal jemand andres sein!

Ist das möglich? Aber klar!
Maske auf, dann wird es wahr!
Und in einem fremden Kleid
werden Träume Wirklichkeit.
Denn beim Karneval passiert,
was im Leben leider niemals, niemals, *niemals* funktioniert.

Dieses hat sich vor zwei Wochen
bei den Tieren rumgesprochen,
und sie haben sich gedacht:
Diese abgefahr'nen Sachen,
die die Menschen manchmal machen,
werden auch bei *uns* gemacht!

Also krabbeln sie herbei,
hüpfen, fliegen, Eintritt frei!
Jedes Viech, woher auch immer,
aus dem Meer, aus deinem Zimmer,
sei es Walfisch, sei es Zecke,
vom Gebüsch gleich um die Ecke,
vom entlegensten Reviere,
kommt zum Karneval der Tiere!

24.
Kommt All

Mit dabei 3 kleine Freunde,

haben sich, ganz aufgeregt,
Harry, John und Wilhelmine,
auf die Lauer schon gelegt.

Harry ist ein Wellensittich,

Wilhelmine eine Maus,

John ein Frosch mit grünen Beinen –
der sieht wirklich ulkig aus.

Gleich geht's los! Wer gibt das Zeichen?
Seht, wie dort zurück sie weichen!
Denn als Zeremonienmeister
hebt ein roter, weitgereister,
sehr gescheiter, niemals dummer,
ur-, ur-, ur-, uralter Hummer,
wohlbekannt und hoch in Ehren,
seine großen roten Scheren.

(Nur sein Name, der ist dämlich:
Hummer *Horst*, so heißt er nämlich.)

KÖNIGLICHER MARSCH DES LÖWEN

Andante maestoso –
Allegro non troppo – Più allegro

Und schon nähern sich vier Enten
in vier gelben opulenten
selbstgenähten Löwenfellen,
um voll Stolz sich vorzustellen.
Heut – so fiel es ihnen ein –
wollen sie vier Löwen sein.

Die drei Freunde finden’s toll,
lachen sich die Hucke voll!
»Still jetzt!«, mahnt sie Horst, der Hummer,
»Ruhe für die erste Nummer!«

Das Publikum in großer Runde,
es staunt nur so, mit offnem Munde!
Und selbst die Eule muss gestehn:
»So was hab ich noch nie gesehn!«

Königlicher Marsch

Bedacht mit vielen Komplimenten,
so schwanken sie hinaus, die Enten.
Unter ihren Löwenmützen
kamen sie ganz schön ins Schwitzen!
Löwe sein, das kostet Kraft!
Aber nun ist es geschafft.
Schnell sich aus den Fellen schälen,
das gibt zu Haus was zu erzählen.

Unsere drei kleinen Freunde,
na, die staunen auch nicht schlecht,
und nach einem kurzen Zögern
fragt John: »Die Löwen, war’n die echt?«
Da muss Wilhelmine kichern,
aber Harry zwitschert gleich:
»Sicher kennst du die vier Löwen
von daheim aus eurem Teich!«

HÜHNER UND HÄHNE

Allegro moderato – Animato

»Bäh«, quäkt John, »ihr seid gemein!«
Da ertönt ein lautes Schrei'n,
und ein widerliches Kreischen,
als ob Affen sich zerfleischen.
Und tatsächlich nah'n geschwind
sieben Affen, doch sie sind
(worum niemand sie beneidet)
ganz als Hühnerschar verkleidet:
Federn, Schnäbel, fast wie echt,
und sie gackern auch nicht schlecht.
Machen gleich ein Mordsgeschrei,
einer legt sogar ein Ei!
Wilhelmine, unsre Maus,
ruft »Das gibt's doch gar nicht!« aus.
»Still jetzt!«, mahnt sie Horst, der Hummer,
»Ruhe für die zweite Nummer!«

Ki

- ki
Kikeriki

Plötzlich hör’n die Affen auf,
stoppen ihren Hühnerlauf,
und nun stehn sie in der Mitte,
wie um zu verkünden: Bitte
sehr, und nun Applaus!
Denn sonst gehn wir nicht mehr raus!

Hühner & Hähne

Diese blöden, sturen Affen,
die es wieder mal nicht raffen
und es einfach nicht verstehn,
dass sie, statt uns zu gefallen,
mit der Hühnernummer allen
nur noch auf die Nerven gehn.

Da stehn sie nun, und keiner klatscht.
Nur Harry lacht sich schippelig.
Und John, der Frosch, was hat er denn?
Der ist so komisch hibbelig.
»Was ist denn los?«, fragt Wilhelmine.
»Ich bin jetzt dran!«, stöhnt John und hüpft
zu seinen Kumpels, die sind alle
in Eselshäute schon geschlüpft.

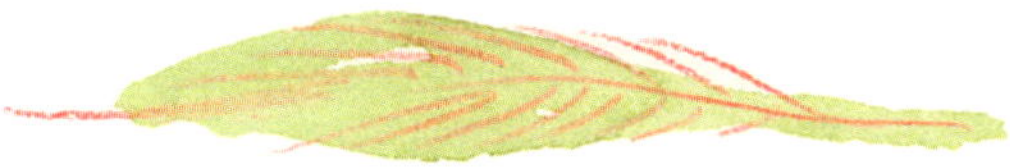

WILDE ESEL

Presto furioso

8 Stück

Schnell die Ohren aufgesetzt,
schon wird schnaubend losgewetzt!
Acht Frösche, die auf allen vieren
als wilde Esel galoppieren!
Gefährlich wild, mit Saus und Braus!
Die Affen nehmen schnell Reißaus.

»Wie war ich?«, fragt ganz außer Atem
und voller Stolz der kleine John.
Die Freunde sind total geplättet.
»Echt cool!« – »Ja, wirklich?« – »Ja, doch, schon.«

Dass Frösche Esel spielen können!
Und der Galopp, wie angeboren!
Wie freut sich John, doch plötzlich schreit er:
»Ich muss nochmal!« – »Hey, deine Ohren … «
… sie sind verrutscht, will Harry rufen,
da dröhnen sie erneut, die Hufen.

Frösche

Das Publikum mit offnem Munde,
wie staunt es wieder in der Runde.
Und auch die Eule muss gestehn:
»So was hab ich noch nie gesehn!«
Die Affenhühner sind vergessen.
Der Froschgalopp, das hat gesessen!

Frösche

SCHILDKRÖTEN

Andante maestoso

Was kommt wohl als Nächstes? Ach, sieh an,
ein Schildkrötenpanzer schwebt heran.
Ein Riesenschildkrötenpanzer, ganz sacht,
als sei er aus Eischnee und Zucker gemacht.

Und drunter krabbeln rund tausend feine
zierliche kleine Ameisenbeine!

Nein, mehr als tausend! Viel, viel mehr!
Das ist ein gewaltiges Ameisenheer!
Zehntausend Ameisen tragen Rücken an Rücken
diesen riesigen Panzer! Es ist zum Entzücken!

Den mächtigen Panzer, ohne zu stolpern!
Er gleitet dahin, nicht ein einziges Holpern,
getragen von sechzigtausend Ameisenfüßen.
Wir neigen die Häupter, sie zu begrüßen.
Und Harry, der Sittich, sagt zu Wilhelmine, der Maus:
»Zehntausend Ameisen! Das sieht ja gigantisch aus!«
»Ich bitte dringend um Ruhe!«, spricht Horst, der Hummer,
»und Konzentration für die vierte Nummer!«

*

Gott sei Dank, es ist geglückt,
nicht eine Ameise wurde zerdrückt.
Der Schildkrötenpanzer dreht sich im Kreise
und entschwindet wieder, schwebenderweise,
auf sechzigtausend winzig kleinen
disziplinierten Ameisenbeinen.

Das Publikum in großer Runde,
es staunt nur so, mit offnem Munde!
Und selbst die Eule muss gestehn:
»So was hab ich noch nie gesehn!«

DER ELEFANT

Allegretto pomposo

Da hört man plötzlich ein lautes »Mmuuh!«,
und jeder denkt erstaunt: Nanu?

Unsre drei Freunde, Harry, John
und Wilhelmine, die ahnen schon:
Jetzt wird es peinlich, jetzt kommt sie gerannt,
die Kuh, verkleidet als Elefant.
Das ist der Traum der dummen Kuh.
Oje, was mutet sie uns zu!
Ein Überwurf aus grauem Loden,
der schlappe Rüssel schleift am Boden,
die Pappe-Ohren – wie abgelutscht,
die Kuh jedoch – wie aufgeputscht!

Das Publikum wirkt leicht gequält.

Ein Reisstrohröckchen hat sie, sehr apart,
und, wie sie glaubt, nach Elefantenart,
um ihre Hüftknochen gebunden.
Als Elefantenfüße hat sie sich erfunden
vier Milchkannen, mit Lappen ausgestopft,
damit's nicht scheppert, wenn im Kreis sie hopft.
Das Publikum stellt sie auf eine harte Probe!
Sie selbst ist glücklich, in *der* Garderobe ...

Die Kuh entfernt sich, ganz beseelt.
Das Publikum wirkt leicht gequält.
Soll'n Kühe Elefanten spielen?,
ist eine Frage unter vielen.

KÄNGURUS *Moderato*

Doch wer kommt denn jetzt herein,
einer hinterm andern drein?
Sieben Clowns, in schwarzen Fräcken,
die jedoch von Kopf bis Fuß
sich in braunem Fell verstecken,
wie man's kennt von Kängurus.
Kleine Beutel sieht man auch,
vorne umgeschnallt am Bauch.

Es sind sieben Pinguine!
Seht, in Känguru-Manier,
sehr gekonnt, mit viel Routine
hüpfen sie von dort nach hier.
Damit dem, der artig springt,
Geld in seinem Beutel klingt.

John, der Frosch, inzwischen ist er
wieder ohne Eselshaut,
hat den Pinguinen ziemlich
skeptisch bisher zugeschaut.
Schließlich sagt er zu den Freunden:
»Ich kann wirklich besser hopsen!
Guckt mal, diese Kängu-Pingus
watscheln mehr, als dass sie dopsen!«
»Still!«, ruft Horst, zu ihm gewendet,
»Die Nummer ist noch nicht beendet!«

Die Pinguine gehn hinaus
und meckern über den Applaus.
Man klatschte brav, man dankte sehr,
die Beutel aber blieben leer.
Vom Känguru hat, wie so oft,
sich mancher einer mehr erhofft.
Es ist die Eule, die gesteht:
»Sagt, was ihr wollt, ich fand es blöd.«

DAS AQUARIUM

Andantino

Nun aber flüstert's im weiten Rund,
da tut sich was im Hintergrund.
Da rollt es herein, ein riesiges Becken,
gefüllt mit Wasser. Zu welchen Zwecken?
Wunder der Technik! Wofür zu gebrauchen?
Dumme Frage! Zum Schwimmen und Tauchen!
Und wer soll schwimmen im Wassergehäuse?
»Ich seh sie kommen: Es sind – die Mäuse!«

Tollkühne Mäuse in Taucheranzügen,
sie werden's wagen, zu unsrem Vergnügen,
zu tauchen in diesen Schlund,
hinab auf den tiefsten Grund.
Sie zeigen uns, wie nett,
ein reizendes Wasserballett.
Die Jungs als Goldfische, in Schuppen zur Gänze,
die Mädchen als reizende Schleierschwänze.

Heißt das, auch die Wilhelmine
steigt in diese Glasterrine?
Wilhelmine unter Wasser?
John und Harry werden blasser.
Wo ist ihre kleine Freundin?
Wow! Da schwimmt sie! Ganz in Rosa!
Dafür reichen keine Verse,
deshalb sprech ich jetzt in Prosa:

Wilhelmine sieht einfach toll aus! Sie trägt ein zartrosafarbenes schimmerndes Schuppenkleid, umflimmert von Schleiern und Flossen, mit denen sie ihren Freunden fleißig zufächelt. Durch die Taucherbrille kann man sehen, wie ihre Augen leuchten!

Unter donnerndem Applaus
fährt das Becken langsam raus,
und die Mäuse, unverdrossen,
winken mit den Taucherflossen.
»Bravo! Bravo!«, rufen alle,
die Eule winkt mit ihrer Kralle
und muss es wieder mal gestehn:
»So was hab ich noch nie gesehn!«

PERSÖNLICHKEITEN MIT LANGEN OHREN

Tempo ad libitum

Da steht ein kleiner dicker Hund
mit einem Mal im weiten Rund.
Es ist ein Mops aus Rheinland-Pfalz,
ein weißer Schal wärmt seinen Hals,
denn er ist Künstler, Virtuose,
und eigentlich sei er Franzose,
bekannt für seine grandiose
»Ich-bin-der-Allergrößte«-Pose,
die er auf einer Zuckerdose
in Rüschenhemd und Sammethose
dem Publikum zum Besten bringt
und wie der Pavarotti singt.
Sehr laut. Und hoch. Ein jeder muss
erleben diesen Kunstgenuss!

(Einst musst' er fliehn vor einem Koch,
dem er ein Ei stahl, ist jedoch
entgegen allen Kinderliedern
entkommen mit gesunden Gliedern.)

Das Lied, das er uns mitgebracht,
heißt »Eselsklage um halb acht«.

Der Mops verschenkt den letzten Ton –
da fliegen die Tomaten schon!
»Hau ab, du arroganter Wicht,
so Typen wollen wir hier nicht!
Erst einem Wunder was erzählen
und dann die Trommelfelle quälen!«
Die Eule ist ganz außer sich:
»Nein, dieser Mops ist fürchterlich!«

DER KUCKUCK

Andante

Die Kritiker notieren Böses.
Man wünscht sich doch mehr Seriöses!
Mehr Tiefe auch und mehr Niveau.
Das ging verloren, sowieso.
Wer kann noch zum Erhab'nen führen?
Wer öffnet noch die heil'gen Türen?
Wer rührt die Seelen meisterlich?
Da tönt ein Stimmchen: »Vielleicht ich?«

Wer ist das? Seht doch, halb versteckt,
dass man es wirklich kaum entdeckt,
ein Kerlchen mit sechs Beinen.
Ein Käfer, will es scheinen.
Fragt Harry: »He, wie heißt 'n du?«
Der Kleine kneift die Augen zu.
Dann kommt die Antwort auf die Frag:
»Kartoffelkäfer, guten Tag.
Verzeiht, ich bin sehr aufgeregt,
das hat sich sicher gleich gelegt.
Hab mir ein Herz genommen,
bin einfach hergekommen.«

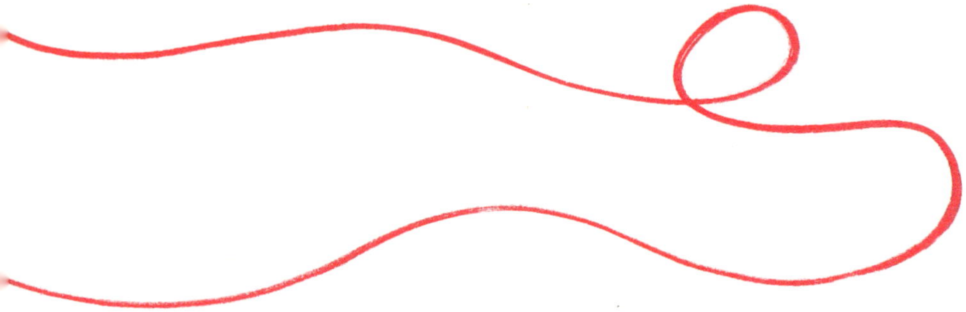

Sagt John: »Du zitterst ja, du Kleiner.«
Und Wilhelmine: »Frisst dich keiner!«
»Hab lang geübt, bin heut so weit.
Will euch vom Kuckuck, seinem Leben,
von seinem Glück und seinem Leid
ein ... ein ... ein Abbild geben.«

Kuckuck

Die Menge schweigt und sieht ihn an.
Armer Kartoffelkäfermann!
»Warum vom Kuckuck?«, fragt die Eule.
Der kleine Kerl erstarrt zur Säule.
Nun hat er sich so lang geplagt,
doch das hat keiner noch gefragt.
»Weil ... weil ... weil es so traurig klingt,
wenn ... wenn ein Kuckuck ›Kuckuck‹ singt ...«
Die Menge schweigt. Die Eule spricht:
»Für den Käfer als Kuckuck gedämpftes Licht.«

*

Der Kuckuck schweigt. So manche Träne rinnt,
weil einige denn doch ergriffen sind.
Dem Künstler will man seinen Dank bekunden,
doch der Kartoffelkäfer ist schon längst verschwunden.

DAS VOGELHAUS

Moderato grazioso

Stattdessen hört man zwei sich keifen,
ein Zottel und ein Dicker dort.
Der Dicke will wohl nicht begreifen,
sie streiten sich in einem fort.

Nilpferd: Also nochmal:
Und dass das klar ist, knipp und knapp,
wenn jemand lacht ...

Kamel: Nein.

Nilpferd: ... brech ich ab. Was *nein*?

Kamel: Nicht *knipp und knapp*.

Hier heißt es *klipp und klar*!

Nilpferd: Das hab ich doch gesagt!

Kamel: NEIN.

Nilpferd: DOCH!

Kamel: NEIN!

Nilpferd: Ist nicht wahr!

Kamel: Du redest Schwachsinn!

Nilpferd: Werd jetzt nicht gemein!

Ein dickes Nilpferd kommt und ein Kamel herein.
Und das Kamel trägt rote Strümpfe,
das Nilpferd trägt ein Ringelhemd,
und beide haben kleine Flügel
auf ihrem Rücken festgeklemmt.

Nilpferd: Okay, nochmal.
Und dass das klar ist, knipp und ... *Was?*
Kamel: Sag *klipp und klar.*
Nilpferd: Wie? *Klipp?*
Kamel: Und klar. Klipp.
Nilpferd: Wenn du meinst, na ja ...
Und dass das klar ist, knipp und klar ...
jetzt bin ich raus, du Dromedar!
Kamel: Bin ein Kamel! Ich hab zwei Höcker!
Nilpferd: Na und? Hör auf mit dem Gemecker!
Wir fangen an. Bist du bereit?
Kamel: Schon eine halbe Ewigkeit.
Nilpferd (räuspert sich): Ihr Leut! Wir zeigen, wie versprochen ...
Du hältst mich?
Kamel: Ja, du fetter Knochen.
Nilpferd: Sag das nochmal! ... Wir zeigen euch ...
Bist du bereit?
Kamel: Ja, ja! Mach weiter
Nilpferd: Liebe Leut,
wir zeigen euch den Tanz der Kolibris,
und zwar getanzt von zwei Genies!
Das sind wir.
Kamel: Weiter!
Nilpferd: Und dass das klar ist, knipp und knapp:
Wenn jemand lacht, dann brech ich ab!

»Habt ihr's dann bald?«, brummt Horst, der Hummer.
»Wir warten auf die nächste Nummer.«
Enorm, wie Nilpferd und Kamel fast filigran
als Kolibris hinfliegen ihre Bahn.

Die beiden gehen streitend ab.
(Wie, knipp und knarr? Nein, klipp und klapp!)
Das Publikum in großer Runde,
es sitzt erstaunt, mit offnem Munde.
Und selbst die Eule muss gestehn:
»Nie hab ich so was fliegen sehn!«

DIE PIANISTEN

Allegro moderato

Sogleich erscheint ein neues Paar,
noch unterschiedlicher sogar!
Ein Tausendfüßler auf tausend Pfoten
sowie ein Elefant, der trägt die Noten.
Der Tausendfüßler will als Pianist
beweisen, dass er spitze ist.
Der Elefant indes setzt mit Gewicht
Akzente im Orchester – oder nicht.
Für große Kunst und Sachverstand
sind diese beiden nicht bekannt.

»Ich bitte«, flüstert Horst, der Hummer,
»um Ruhe für die elfte Nummer!«

Kaum verklingt der letzte Ton,
macht man sich Gedanken schon:
Der Tausendfüßler meint betrübt:
»Ich habe nicht genug geübt.«
Der Elefant zufrieden schaut.
Er fand es schön. Hauptsache laut.

DIE FOSSILIEN

Allegro ridicolo

»Harry ist weg!«, ruft Wilhelmine,
doch John besänftigt ihren Kummer:
Der kleine Wellensittich muss sich
umziehen für die Dino-Nummer.
Die Dino-Nummer? Was ist das?
Das ist der allergrößte Spaß!

Schon zeigen sich zwei feuchte Wesen,
die selbst gern Saurier gewesen:
Oktopusse oder Kraken,
Tintenfische auch genannt,
heute einmal nicht im Wasser,
sondern ganz vergnügt an Land.
Haben sich Tirolerhütchen
auf den dicken Kopf gesetzt,
spielen auf als Dino-Combo,
spielen, dass es nur so fetzt!
Schlingen ihre Saugnapfarme
hierhin, dorthin, je nach Ton,
und mit Dinosaurierknochen
hau'n sie auf das Xylophon.

Über ihnen aber kreist
Harry, und das ist der Clou,
stolz als Archaeopteryx,
schreit den Urweltschrei dazu.
Flattert um die Oktopusse,
schlägt mit seinem Knochenfittig,
jeder sieht den Urweltvogel,
keiner mehr erkennt den Sittig.

Dino-Musi, holldriho,
die ist lustig, die macht froh,
wenn die Saurierknochen rappeln!
John und Wilhelmine zappeln:
»Kommt jetzt echt die Dino-Nummer?«
»Ja doch!«, grummelt Horst, der Hummer.

Dino-Musi, holldrihö!
Sagt den Kraken schnell Adieu!
Kleiner Archaeopteryx,
komm zurück als Harry fix!
Denn hier geht es Knall auf Fall,
Karneval, Karneval!
Jeder kommt dran,
der will und kann!

DER SCHWAN

Andantino grazioso

’s ist jedem gegeben,
ein andrer zu sein,
sei’s einmal im Leben,
so auch dem Schwein.
Erst war es betrübt,
dann hat es geübt
im Koben daheim.
Jetzt ist es dran.
Schon schwebt es heran,
schwänzelt als schwimmender
schillernder, schimmernder
schauerlich schlingernder
schneeweißer Schwan.

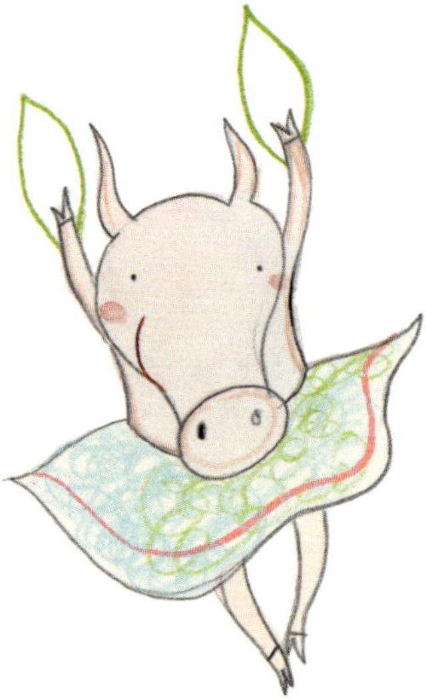

Schwan nur zum Schein.
Schwan-Schweinerei'n!
Schummelndes Schwein!
Doch wir – verzeihn.
All', die wir sehen dich,
sieh, wir verstehen dich,
Tierweltdurchwanderer!
Endlich ein anderer!
Glücklich und grunzend,
Schwäne verhunzend,
bist nicht allein.

Das Schwein entschwebt, der Schwan entfleucht,
und wieder sind die Augen feucht.
So langsam spricht es sich herum:
Die Zeit ist um, die Zeit ist um.
Auch unsre Freunde Harry, John
und Wilhelmine wissen schon,
dass es am Ende heißen muss:
»Es war sehr schön, doch jetzt ist Schluss!«

FINALE

Molto allegro

Wer zählt die Tiere, nennt die Namen,
die gastlich hier zusammenkamen
und die alle ziemlich froh sind,
dass sie heute nicht im Zoo sind,
sondern hier,
ganz nah am Klavier.

Eulen und Hummer, Enten und Löwen,
Hühner und Affen
gab's zu begaffen,
Frösche und Esel und Riesenschildkröten,
Ameisen und Elefanten,
wie wir sie bisher nicht kannten,
auch eine Kuh, ein Mops, ein Kuckuck,

Mäuse mit Fischen,
wie sie sich mischen,
Pinguine, Kängurus,
Nilpferd, Kamel und Koli...*brus*,
so was ham wir noch nie gesehn,
wir müssen gehn, wir müssen gehn,
Kartoffelkäfer, Tausendfüßler
Saurier und Tintenfisch,
ein Erzähler (das bin isch),
ein Schwein, ein Schwan, ein Dirigent,
der den Mops persönlich kennt,
und das ganze Publikum,
die Zeit ist um, die Zeit ist um,
Harry, John und Wilhelmine,
zwei Flügel, eine Violine,
und all die andren Instrumente,
die für herrliche Momente
heute hier zum Einsatz kamen –
war das ein Spaß!
Jetzt reicht es.

Amen.

Camille Saint-Saëns (1835–1921) komponierte den »Karneval der Tiere« 1886 anlässlich einer Faschingsfeier als kleinen musikalischen Scherz voller Zitate und Anspielungen auf bekannte Stücke und Komponisten. Zu seinen Lebzeiten nur dreimal aufgeführt, gelangte die »Zoologische Fantasie« für zwei Klaviere und ein kleines Orchester erst nach seinem Tod an ein breites Publikum und entwickelte sich zu einem Standardwerk der klassischen Musikliteratur.

Michael Quast, 1959 in Heidelberg geboren, studierte an der Hochschule für Musik und Darstellende Kunst in Stuttgart und eroberte sich sein Publikum als vielseitiger Komödiant, Solokabarettist und Operettenregisseur. Als Schauspieler war er u.a. am Düsseldorfer Kom(m)ödchen, an den Hamburger Kammerspielen und am Schauspiel Frankfurt engagiert. Seine Arbeit wurde vielfach ausgezeichnet. Michael Quast lebt mit seiner Familie in Frankfurt am Main.

Sybille Hein wurde 1970 in Wolfenbüttel geboren und studierte an der Fachhochschule für Gestaltung in Hamburg Illustration. Seit 1999 illustriert sie Kinderbücher, darunter die 16 Titel der ZEIT-Kinderedition. Für ihre Zeichnungen erhielt sie zahlreiche Auszeichnungen, unter anderem wurde ihr drei Mal der Österreichische Kinderbuchpreis verliehen. Für Fischer Schatzinsel hat sie bereits die Bilderbücher »Die Glücksfee« von Cornelia Funke und »Da hast du aber Glück gehabt« von Martin Baltscheit illustriert.